L l エル / lamb ラァム / 子ヒツジ	**M m** エム / monkey マンキ / サル	**N n** エン / night ナイト / 夜
O o オウ / octopus アクトゥパス / タコ	**P p** ピー / plane プレイン / ひこうき	**Q q** キュー / queen クウィーン / 女王
R r アール / rock ウラック / 岩	**S s** エス / skirt スクゥート / スカート	**T t** ティー / tooth トゥース / 歯
U u ユー / uncle アンクル / おじ	**V v** ヴィー / van ヴァン / 箱がたの車	**W w** ダブリュー / winter ウィンタ / 冬
X x エックス / fox ファックス / キツネ	**Y y** ワイ / yo-yo ヨウヨウ / ヨーヨー	**Z z** ズィー / zebra ズィーブラ / シマウマ

JN308930

話せる！遊べる！英語 ①

Let's try!
学校の行事

下 薫 監修

もくじ

この本の使い方 — ②

新学期	Back to School	④
遠足	School Field Trip	⑧
参観日	Invite Parents to School	⑫
林間学校	Summer Camp	⑯
交流活動	Volunteering	⑳
運動会	Sports Day	㉔
学芸会	Talent Show	㉘
社会科見学	Interviewing in Town	㉜
作品展	Art Festival	㊱
お別れ会	Farewell Party	㊵

「話せる！遊べる！英語」シリーズ 総さくいん — ㊹

解答と学習の手引き（先生・おうちの方へ） — ㊼

この本の使い方

Nice to meet you!
はじめまして！

わたしたちといっしょに、英語で話したり、ゲームで遊んだりしましょう！

- **Aya** アヤ
- **Haruka** ハルカ
- **Takumi** タクミ
- **Kaito** カイト
- **Ms. Green** グリーン先生（ALT）
- **Mr. Ito** イトウ先生
- **Froggy** フロギー

この本では、学校の行事をテーマにして、楽しく英語を学習していきます。1つの

会話のページ

1～2ページ目は、楽しい絵を見ながら英語に親しむページです。会話文や単語を声に出して言ってみましょう。

タイトル
このページで、どんな行事がしょうかいされているかがわかります。

会話文
ふきだしは、左から右、上から下のじゅん番に読みます。

単語
絵の中に出てくる物や人などを英語で言ってみましょう。

学校教育OK この本は、学校のさまざまな活動で使用する場合に限り、コピー、配付などの非営利目的利用を認めています。

声に出して言ってみよう！　カナ発音について

この本では、はじめて英語にふれる人にもわかりやすいよう、会話文や単語にカナ発音と日本語の意味をつけています。

会話文の場合
ヘロウ　　ミズ　　グゥリーン …… カナ発音
Hello, Ms. Green. … 会話文
こんにちは、グリーン先生。‥ 日本語の意味

単語の場合
スクール ……… カナ発音
school …… 単語
学校 ……… 日本語の意味

カナ発音は、じっさいの英語に近い発音ができるようにくふうしてあります。

1 太い文字は強く読みます。
- teacher **ティー**チャ（先生）
- monkey **マ**ンキ（サル）

2 小さくしてある文字は、短く読みます。よう音（キャ、キュ、キョなど）につく「ャ」「ュ」「ョ」や、そく音の「ッ」はべつです。
- book **ブ**ック（本）
- apple **ア**プル（りんご）

3 次のカナ発音は英語とくゆうの発音です。

■「ヂュ」「ヅ」は、したを前歯のうらにあてて短く切って発音します。
- juice **ヂュ**ース（ジュース）
- cards **カ**ーヅ（カード）

■ th の発音は、したを歯と歯の間にあてて発音します。
- three ス**ゥリ**ー（3）
- Thank you. **サ**ァンキュー（ありがとう。）

■ r は「ラリルレロ」の前に、くちびるをつき出して短く「ウ」と言うつもりで発音します。
- run ゥ**ラ**ン（走る）
- ruler ゥ**ル**ーラ（じょうぎ）

4 単語と単語がつながるとき、音がかわることがあります。
- Can you キャ**ニュー**（キャン＋ユー）

テーマは下にあるように4ページでできています。

アクティビティのページ

3〜4ページ目は、遊びながら英語になれるアクティビティが中心になっています。アクティビティは、コピーすれば、みんなで使うことができます。

タイトル
このページのキーワードです。

アクティビティのポイント
学習のポイントやアクティビティのやり方をせつめいしています。

アクティビティ
教室でみんなでできるゲームを中心にとりあげています。ゲームを楽しみながら声に出して英語を言ってみましょう。破線（----）の部分は、コピーして切りとって活用しましょう。

コラム
きほんの会話文と単語にかんれんした内ようです。あわせておぼえましょう。

会話のれい
アクティビティをするときの会話のれいです。友だちどうしで交代で言ってみましょう。

新学期 Back to School

今日から新学期が始まります。
今年はどんな楽しい出会いがあるかな？
先生や友だちの名前をよんで
元気よくあいさつをしましょう。

swimming pool
プール

eggs
たまご

Hello, Ms. Green.
こんにちは、グリーン先生。

school
学校

playground
校庭

gym
体育館

teacher
先生

children
子どもたち

Hi, Haruka. How are you?
こんにちは、ハルカ。元気ですか？

I'm fine, thank you.
はい、元気です。

How are you today?

今日の気分は？

How are you today?（元気？ 調子はどう？）は、英語でとてもよく使われるあいさつです。
返事をするときには、**I'm**（わたしは）のあとに、調子や気分を表すことばをつけて言います。
7ページ ❶〜❺ の絵に合うのはどんな気分かな？
下にある「気分を表すことば」の中から見つけてあてはめてみましょう。

> **How are you today?** 今日の気分は？
> **I'm happy.** うれしい気分です。

気分を表すことば

I'm のあとにつけて使います。

- **happy** うれしい
- **sad** 悲しい
- **angry** おこった
- **hungry** おなかがすいた
- **tired** つかれた

Greeting あいさつ

1日のなかで、時間にあわせていろいろなあいさつをします。
Good のあとに、ときを表すことばをつけて言いましょう。

- **morning** 朝、午前
- **Good morning.** おはよう

1 ぼうしをなくしちゃったから……

2 100点をとったから……

3 走ったから……

アイム
I'm ~ .
わたしは~。

6ページの「気分を表すことば」をあてはめてみましょう。

4 昼ごはんを食べそこねたから……

5 犬がおもちゃをこわしたから……

アーフタヌーン
afternoon
午後

イーヴニング
evening
夕方

ナイト
night
夜

グッダーフタヌーン
Good afternoon.
こんにちは

グッディーヴニング
Good evening.
こんばんは

グッド　ナイト
Good night.
おやすみなさい

セヴン
seven **7**

遠足 School Field Trip

動物園にやって来ました。
はくりょくまんてんのライオンやかわいいパンダを見て、大こうふん！
みんなはどの動物がすきかな？

snake ヘビ

panda パンダ

zebra シマウマ

elephant ゾウ

lion ライオン

penguin
ペンギン

bird
トリ

giraffe
キリン

Do you like monkeys?
サルはすき？

Yes. I like monkeys.
うん、すきだよ。

monkey
サル

hippo
カバ

Which do you like better?
ウィッチ ドゥー ユー ライク ベタ

どっちがすき？

2つのもののうち、どちらがすきかを聞くときは、
Which do you like better, □ or △?
（□と△とどっちがすき？）と言います。
右のぬいぐるみの中から2つえらんで、
友だちに聞いてみましょう。

Which do you like better,
ウィッチ ドゥー ユー ライク ベタ
the white tiger or the yellow tiger?
ダ ワイト タイガ オー ダ イェロウ タイガ
白いトラと黄色のトラとどっちがすき？

I like the white tiger.
アイ ライク ダ ワイト タイガ
白いトラがすきよ。

snake スネイク ヘビ
tiger タイガ トラ
alligator アリゲイタ ワニ

いろいろな色

物の名前の前につけて使います。

gray グゥレイ はい色
yellow イェロウ 黄色
brown ブゥラウン 茶色
black ブラック 黒

ペングゥィン	パァンダ	ブゥード	ガゥリラ
penguin	**panda**	**bird**	**gorilla**
ペンギン	パンダ	トリ	ゴリラ

elephant エレファント / ゾウ

koala コウアーラ / コアラ

giraffe デュラーフ / キリン

zebra ズィーブラ / シマウマ

bear ベア / クマ

hippo ヒポウ / カバ

lion ライアン / ライオン

monkey マンキ / サル

ワイト	ゥレッド	グゥリーン	ブルー	ピンク	オーリンヂ
white	**red**	**green**	**blue**	**pink**	**orange**
白	赤	緑	青	もも色	だいだい色

イレヴン **11**

参観日 Invite Parents to School

今日は参観日です。おうちの人が学校に来て、じゅぎょうや教室のようすを見学しています。教室にあるものを、おうちの人に教えてあげましょう。

window まど

wall かべ

eraser 黒板消し

floor ゆか

desk つくえ

chair いす

What's this?
これは何だい？

It's a tadpole.
オタマジャクシよ。

blackboard
ブラックボード
黒板

map
マァプ
地図

door
ドー
ドア

How many tadpoles are there?
ハウ メニ タァドポウルズ アー デア
オタマジャクシは何びきいるの？

One.
ワン
1ぴきだよ。

globe
グロウブ
地球ぎ

thirteen 13

How many books are there?
（ハウ メニ ブックス アー デア）

本は何さつある？

How many ～？（～はいくつ？）は、数をたずねたいときの聞き方です。
聞きたい物の名前にs（読み方はスまたはズ）をつけて、
How manyのあとにつけて言います。
右の教室の絵の中にあるものの数を聞いたり、数えたりしてみましょう。

How many books are there?
本は何さつある？

Four.
4さつ。

1から12までの数字

1 ワン **one**	2 トゥー **two**	3 スゥリー **three**	4 フォー **four**
5 ファイヴ **five**	6 スィックス **six**	7 セヴン **seven**	8 エイト **eight**
9 ナイン **nine**	10 テン **ten**	11 イレヴン **eleven**	12 トゥウェルヴ **twelve**

教室にあるもの

- ペン **pen** ペン
- ペンスル **pencil** えんぴつ
- イゥレイサ **eraser** 消しゴム
- ゥルーラ **ruler** じょうぎ
- クゥレイオン **crayon** クレヨン
- グルー **glue** のり
- ノゥトブック **notebook** ノート
- ブック **book** 本
- バァグ **bag** かばん
- テクストブック **textbook** 教科書

絵の中からさがしてね！

林間学校 Summer Camp
サマ キャンプ

大きな木々や小川のせせらぎ、たくさんのこん虫や植物……。
林間学校でやって来た高原には、自然がいっぱいです。
どんな発見ができるかな？　いろいろ観察してみましょう！

grasshopper グゥラァスハーパ
バッタ

squirrel スクウーロル
リス

bird ブゥード
トリ

tree トゥリー
木

leaf リーフ
は
葉

bee ビー
ミツバチ

butterfly バタフライ
チョウ

flower フラゥア
花

berry ベリ
実

Can you see an ant? キャニュー スィー アン アント
アリは見える？

Yes, here! イェス ヒァ
うん、ここに！

ant アント
アリ

worm ワーム
ミミズ

river ウリヴァ
川

fish フィッシュ
魚

seventeen 17

Nature Bingo
ネイチャ　ビンゴ

自然の中でビンゴゲーム

できることをたずねるときには、Can you ～?（～できる？）のあとに、
動作を表すことばをつけて言います。
見たり、聞いたり、味わったり、においをかいだり、さわったり、
自然の中で五感をはたらかせてできることを聞いてみましょう。

see 見る
- Can you see an ant? アリは見える？
- Yes, here! うん、ここに！

hear 聞く
- Can you hear a birdsong? トリの歌は聞こえる？
- Yes, tweet, tweet. うん、チッチと聞こえるよ。

smell においをかぐ
- Can you smell a flower? 花のにおいはする？
- Yes, so sweet! うん、とってもあまいにおい！

taste 味わう
- Can you taste a berry? 実は食べられる？
- Yes, yum! うん、おいし～い！

touch さわる
- Can you touch a worm? ミミズにさわれる？
- Yes, but yuck! うん、でも、気持ち悪～い！

遊び方

じゅんび

❶ 19ページをコピーして、ビンゴシートとビンゴカードを切りとります。

❷ カードの中から、すきな8まいをえらんで、シートの空らんにならべます。

教室でみんなで遊ぼう！

❶ ひとりが Can you ～?（～できる？）としつ問します。

❷ 自分のビンゴシートに、しつ問に合うカードがあったら、Yes! と言い、カードをうら返します。同じ列（たて、横、ななめ）の3つがそろったらビンゴ！

Nature Bingo

ビンゴシート

see 見る	touch さわる	smell においをかぐ
hear 聞く	**Bingo**	see 見る
touch さわる	taste 味わう	hear 聞く

ビンゴカード

ant アリ	grasshopper バッタ	butterfly チョウ
bee ミツバチ	worm ミミズ	fish 魚
squirrel リス	flower 花	
tree 木	leaf 葉	berry 実
bird トリ	river 川	

nineteen **19**

交流活動 Volunteering

交流活動で、お年よりのお手つだいをしたり、いっしょに遊んだりしています。親切にすることはあたりまえのことだけれど、お礼を言われるとうれしいです。お礼を言われたら、何て答えればいいのかな？

Thank you.
ありがとう。

You're welcome.
どういたしまして。

vase 花びん

telephone 電話

wheelchair 車いす

cleaner そうじき

Would you open the window?
まどを開けてもらえるかい？

Okay, Mr. Sato.
はい、佐藤さん。

television テレビ

rug じゅうたん

table テーブル

sofa ソファー

Snakes and Ladders
スネイクス　アン　ラーダーズ

へびとはしご（お手つだいすごろく）

Snakes and Ladders（へびとはしご）は、日本でいう「すごろく」のこと。
へびのいるところに止まるともどらなくてはいけないけれど、はしごに止まると先に進めます。
すごろくをしながら、**Would you ～ ?**（～してもらえますか？）を使って、
お手つだいをおねがいしたり、それに答えたりしてみましょう。

遊び方

じゅんび　すごろくばんとカードを作ろう

① 22ページをコピーして切りとり、CHORES CARD（お手つだいカード）を作ります。8しゅるいのカードを、それぞれゲームをする人数分だけ作り、うら返して重ね、よくまぜて山にしておきます。

② 23ページをコピーして、ANSWER CARD（答えカード）とすごろくばんを作ります。ANSWER CARDは3しゅるいのカードを1まいずつ、うら返して重ねておきます。

③ 市販のさいころを用意します。小さな紙に自分の名前を書いてこまとして使いましょう。

みんなで遊ぼう！　（6人前後で遊べます）

じゅん番を決め、さいころをふって出た数だけこまを進めます。「ルール」にしたがい、ゴールでぴったり止まった人からあがります。あがったじゅん番と、お手つだいカードのまい数をたし、合計点の多い人が勝ちです。

点数　［じゅん番］1番…8点、2番…4点、3番…2点
　　　　　［お手つだいカード］1まいにつき1点

ルール

「Draw 1 CHORES CARD（お手つだいカードを1まい引く）」に止まったら……

① 「お手つだいカード」を1まい引き、右どなりの人に「Would you ～ ?（～してもらえますか？）」と言ってもらいます。

② 「答えカード」を1まい引き、そこに書いてあるように答えます。

③ 答えが「**Sure.**（はい。）」または「**No problem.**（いいですよ。）」のときは、「お手つだいカード」を自分のところにとり、「答えカード」は山にもどします。答えが「**Sorry, I can't.**（ごめんなさい、できません。）」のときは、「お手つだいカード」も「答えカード」も山にもどして、2つさがります。

「Skip one turn.（1回ぬかす。）」に止まったら……1回休み
「Go to ～ .（～へ行く。）」に止まったら……書いてある数字へ。

Would you set the table?
食たくのじゅんびをしてもらえる？

Sure.
はい。

CHORES CARD　お手つだいカード

make bed　ベッドをととのえる	**take out the garbage**　ゴミをすてる	**feed the pet**　ペットにエサをやる	**wash the dishes**　皿をあらう
set the table　食たくのじゅんびをする	**clean the room**　部屋をそうじする	**go shopping**　買い物に行く	**bring the paper**　新聞を持ってくる

22　twenty-two

Snakes and Ladders

CHORES CARD をおく場所

ANSWER CARD をおく場所

- ① START スタート
- ① (blank)
- ② Draw 1 CHORE CARD
- ③ Draw 1 CHORE CARD
- ④ Skip one turn.
- ⑤ Draw 1 CHORE CARD
- ⑥ Go to ⑮
- ⑦ Draw 1 CHORE CARD
- ⑧ (blank)
- ⑨ Skip one turn.
- ⑩ Draw 1 CHORE CARD
- ⑪ (blank)
- ⑫ Draw 1 CHORE CARD
- ⑬ Skip one turn.
- ⑭ (blank)
- ⑮ Draw 1 CHORE CARD
- ⑯ (blank)
- ⑰ Draw 1 CHORE CARD
- ⑱ (blank)
- ⑲ Go to ❷
- ⑳ (blank)
- ㉑ (blank)
- ㉒ (blank)
- ㉓ (blank)
- ㉔ Go to ⑯
- GOAL ゴール

ANSWER CARD 答えカード

Sure. はい。

No problem. いいですよ。

Sorry, I can't. ごめんなさい、できません。 ❷2コマもどる

23

運動会 Sports Day

「がんばれ〜！」「フレー、フレー！」。今日は運動会。
でも、よく見ると……、あれあれ、カイトったら
ひとりだけちがうことをしています。何をしているのかな？

skip スキップする

hop とびはねる

climb よじ登る

Dancing ダンス

What are you doing?
何をしてるの？

Go for it!
がんばれ〜！

I'm eating a rice ball.
おにぎりを食べてます。

Way to go!
ウェイ トゥ ゴウ
いいぞ〜、行け〜！

Race ウレイス
きょう走

Hooray! フーレイ
やった！

run ウラン
走る

kick キック
ける

jump ヂャンプ
とぶ

Hurdle Race ハゥードル ウレイス
しょうがい物きょう走

throw スゥロウ
投げる

basket バァスキット
玉入れ

pull プル
引く

Tug of War タグ オヴ ウォー
つな引き

cheer チア
おうえんする

twenty-five 25

What are you doing?
ワット アー ユー ドゥーイング

何をしているの？

「いま、〜している」と言いたいときには、動作を表すことばの後ろに ing をつけて、I'm 〜 ing.（わたしは〜しています。）と言います。

右の絵は、どんな動作をしているところか、言ってみましょう。また、その動作をするスポーツは何か、下の絵の中からえらんで、答えてみましょう。

climb クライム
よじ登る

jump ヂャンプ
とぶ

What are you doing? ワット アー ユー ドゥーイング
何をしているの？

I'm running. アイム ウランニング
走っています。

いろいろなスポーツ

soccer サカ
サッカー

marathon マァラソン
マラソン

rugby ウラグビ
ラグビー

ハップ
hop
とびはねる

スウロウ
throw
投げる

バァス
pass
わたす

ウラン
run
走る

キック
kick
ける

ベイスボール
baseball
野球

ヴァリボール
volleyball
バレーボール

ウラック クライミング
rock climbing
ロッククライミング

トゥラック アン フィールド
track and field
陸上競技

トゥウェンティ セヴン
twenty-seven 27

学芸会 Talent Show

今日は学芸会です。あれ、たいへん！　じゅんびをしているうちに、いしょうや小道具がバラバラになってしまいました。どこにあるのかな？　さがしてみましょう。

Where's my shoe?
わたしのくつはどこ？

Cinderella
シンデレラ

場所を表すことば
物の名前の前につけて使います。

on the box
箱の上に

in the box
箱の中に

under the box
箱の下に

In the box, Cinderella.
箱(はこ)の中だよ、シンデレラ。

Peach Boy
もも太郎(たろう)

behind the box
箱(はこ)の後(うし)ろに

next to the box
箱(はこ)の横(よこ)に

in front of the box
箱(はこ)の前(まえ)に

Where're the characters?

物語の登場人物はどこ？

いろいろな物語の登場人物が、絵の中にかくれています。
Where's のあとに、さがしている登場人物の名前をつけて、
「〜はどこにいるの？」と聞いてみましょう。
また、on、in、under、behind、next to、in front of を使って、
どこにいるのか、答えてみましょう。

Where's Cinderella?
シンデレラはどこ？

In the bed.
ベッドの中よ。

- **roof** 屋根
- **lamp** ランプ
- **bed** ベッド
- **cave** ほらあな

かくれているのはこの人たち！

- **Cinderella** シンデレラ
- **Prince** 王子
- **Little Red Riding Hood** 赤ずきん
- **Wolf** オオカミ
- **Snow White** 白雪ひめ
- **Queen** 女王
- **Ant** アリ
- **Grasshopper** キリギリス
- **Peach Boy** もも太郎
- **Dog** イヌ
- **Bird** トリ
- **Monkey** サル

30 thirty

アイランド
island
島

ミウラ
mirror
鏡

キャソル
castle
しろ

トゥリー
tree
木

クラック
clock
時計

ヒル
hill
おか

ステアーズ
stairs
階だん

ゲイト
gate
門

社会科見学 Interviewing in Town

社会科見学で、まちではたらく人たちにしつ問しています。
まちにはたくさんの仕事がありますね。
しょうらい、自分が何になりたいか言えるかな？

What's your job?
仕事は何ですか？

I'm a police officer.
警察官です。

park
公園

What do you want to be?
きみは何になりたいのかな？

A baker.
パン屋です。

sidewalk
歩道

street
通り

Memory Job Card Game
メモリ　ヂャーブ　カード　ゲイム

職業あてカードゲーム

職業が何か聞きたいときは、**What's your job?**（職業は何ですか？）と言います。
答えるときは、**I'm a**（わたしは）のあとに職業の名前をつけて答えます。
カードゲームをしながら、職業を聞いたり、答えたりしてみましょう。

はたらく場所カード

bakery（ベイカリ）パン屋	[baker パン屋]
flower shop（フラゥア シャップ）花屋	[florist 花屋]
hospital（ハスピトル）病院	[doctor 医師]
hospital（ハスピトル）病院	[nurse 看護師]
station（ステイシュン）駅	[stationmaster 駅長]
pet shop（ペット シャップ）ペットショップ	[trimmer トリマー]
fire station（ファイア ステイシュン）消防署	[fire fighter 消防士]
school（スクール）学校	[teacher 教師]
police station（パリース ステイシュン）警察署	[police officer 警察官]
office building（オーフィス ビルディング）オフィスビル	[office worker 会社員]
farm（ファーム）農場	[farmer 農家]
restaurant（ゥレストゥラント）レストラン	[cook コック]
theater（スィアタ）劇場	[actor 俳優]
beauty salon（ビューティ サァロン）美容院	[hairdresser 美容師]
airport（エアポート）空港	[pilot パイロット]
airport（エアポート）空港	[flight attendant 客室乗務員]
stadium（ステイディアム）競技場	[soccer player サッカー選手]
stadium（ステイディアム）競技場	[baseball player 野球選手]

遊び方

What's your job?
お仕事は何？

I'm a baker.
パン屋です。

じゅんび
カードを作ろう

① 34、35ページをコピーして切りとり、「はたらく場所」と「職業」のカードを作ります。

② 「はたらく場所」と「職業」の中から、すきなカードをゲームをする人数分えらび、それぞれよくまぜて、うら返してならべます。

みんなで遊ぼう！（6人前後で遊べます）

① じゃんけんで、カードをめくるじゅん番を決めます。

② 1番目の人が、「はたらく場所」の中から、すきなカードを1まいめくります。ほかの人全員でWhat's your job?（職業は何ですか？）と聞きます。

③ カードをめくった人は、I'm a ～．(私は～です。) に、カードの下に書いてある職業名をつけて答え、つぎに「職業」のカードをめくります。

④ 答えた職業名と、めくったカードが合ったら、2まいのカードを自分のところにとります。合わなかったら、2まいのカードをうら返してもとにもどします。

⑤ じゅん番にカードをめくっていき、すべてのカードがめくられたとき、カードをたくさん持っている人が勝ちです。

職業カード

baker パン屋	florist 花屋
doctor 医師	nurse 看護師
stationmaster 駅長	trimmer トリマー
fire fighter 消防士	teacher 教師
police officer 警察官	office worker 会社員
farmer 農家	cook コック
actor 俳優	hairdresser 美容師
pilot パイロット	flight attendant 客室乗務員
soccer player サッカー選手	baseball player 野球選手

thirty-five 35

作品展 Art Festival

作品展が始まりました。
絵や工作、習字など、みんなの力作がかざられています。
どんな作品があるかな？ 友だちと話してみましょう。

painting
絵

Who's this?
これはだれ？

This is my mother.
わたしのお母さんよ。

calligraphy
習字

handicraft
工作

Do you have a dog?
きみは犬をかってるの？

No, I don't.
ううん。
ぼくはかってないよ。

All About Me
オール　アバウト　ミー

わたしについて発表（はっぴょう）します

この本のこれまでのページに出てきた like ～（～がすき）、want to be ～（～になりたい）
ライク　　　　　　　　　　　　　　　　　　　　　　ワント　トゥ　ビー
have（～を持（も）っている）、can（～できる）を使（つか）って、
ハァヴ　　　　　　　　　　　　キャン
自分のすきなことや、とくいなことを書いて、自分の本を作りましょう。

作（つく）り方（かた）

① 39ページをコピーして、そこに書いてあるしつ問（もん）にそって絵をかいたり、前のページをコピーしてはったりします。

② 紙を半分におって、太い破線（はせん）（----）にそってはさみで切りこみを入れます。

③ 山おり線（----）、谷おり線（-・-）にそっており、本の形にします。

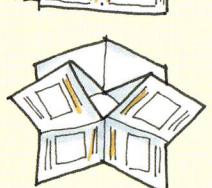

発表（はっぴょう）しよう

① 本の表紙を見ながら、まわりの人が Who's this?（これはだれ？）とたずねます。
　　　　　　　　　　　　　　　フーズ　ディス

② This is me.（これは、わたしです。）と答え、本のページをめくってみんなに見せながら、それぞれのページに書いてあることを発表します。
　ディスィズ　ミー

Who's this? これはだれ？
フーズ　ディス

This is me. わたしです。
ディスィズ　ミー

I like penguins. ペンギンがすきです。
アイライク　ペングウィンズ

I like cooking. わたしは料理（りょうり）することがすきです。
アイ　ライク　クッキング

---

hobby しゅみ
ハビ

cooking クッキング 料理（りょうり）をすること	**painting** ペインティング 絵をかくこと	**shopping** シャピング 買（か）い物（もの）をすること
reading ウリーディング 読書（どくしょ）をすること	**dancing** ダァンスィング おどること	**listening to music** リスニング トゥ ミューズィック 音楽（おんがく）を聞くこと
collecting cards コレクティング カーヅ カードを集（あつ）めること	**playing games** プレイング ゲイムズ ゲームをすること	**playing the piano** プレイング ダ ピアーノウ ピアノをひくこと
singing songs スィンギング ソーングズ 歌を歌うこと	**playing sports** プレイング スポーツ スポーツをすること	

All About Me
わたしについて発表します

This is me.
これは、わたしです。

自分の絵をかきましょう。

1

Thank you!

The End
おわり

発表を聞いてくれたみんなに
お礼を言いましょう。

8

すきな動物は？
I like
(→8〜9ページ)

2

すきな色は？
I like
(→10〜11ページ)

3

じまんの持ち物は？
I have
(→14ページ)

4

しゅみは？
I like
(→38ページ)

5

とくいなお手つだいは？
I can
(→22ページ)

6

しょうらい、やりたい仕事は？
I want to be a
(→35ページ)

7

※前のページを見ながら、絵を書いたりコピーしてはったりしましょう。

お別れ会 Farewell Party

もうすぐ終業式。今日は1年間おせわになった、
ALTのグリーン先生のお別れ会です。
先生に、お礼の気持ちやお別れのことばをつたえましょう。

spring
春

Thank you very much, Ms. Green.
ありがとうございました、グリーン先生。

summer サマ
夏

fall フォール
秋

winter ウィンタ
冬

I had a wonderful time, children.
アイ ハッダ ワンダフル タイム
チルドゥレン
とても楽しかったわ、みなさん。

See you soon!
スィー ユー スーン
また会いましょう!

Memory Photo Album

思い出アルバム

この1年間で、いろいろなことが英語で言えるようになりました。
2つに分かれた写真を組み合わせて、思い出のアルバムをかんせいさせましょう。

新学期。元気よくあいさつをしたね。
How are you?
元気？

しょうらいなりたい職業が言えるかな？
What do you want to be?
何になりたいの？

林間学校ではどんな発見をしたかな？
Can you hear a birdsong?
トリの歌は聞こえる？

グリーン先生のお別れ会をしたね。
Thank you, children.
ありがとう、みなさん。

学芸会でシンデレラのくつがなくなっちゃった！
Where's my shoe?
わたしのくつはどこ？

作品展で家族や自分のことをかいた絵をかざったね。
Who's this?
これはだれ？

参観日。教室にはどんなものがいくつあったかな？
How many books are there?
本は何さつある？

動物園ではどんな動物が気に入ったかな？
Do you like penguins?
ペンギンはすき？

運動会でダンスをしたね。
What are you doing?
何してるの？

交流活動では、お年よりのお手つだいをしたね。
Thank you.
ありがとう。

遊び方

① 42、43ページの絵を破線にそって切りとります。
② 会話が正しく合うように、2まいを組み合わせます。
③ 1まいずつ、声に出して言ってみましょう。

How are you?
ハウ アー ユー
元気?

I'm fine, thank you.
アイム ファイン サンキュー
元気だよ。

I'm dancing.
アイム ダアンスィング
ダンスしてるの。

I'm fine, thank you.
アイム ファイン サンキュー
元気だよ。

In the box.
イン ダ バックス
箱の中だよ。

Four.
フォー
4さつ。

A hairdresser.
ア ヘアドゥレサ
美容師よ。

This is my mother.
ディスイズ マイ マダ
ぼくのお母さんだよ。

You're welcome.
ユーア ウェルカム
どういたしまして。

Yes. I like penguins.
イエス アイ ライク ペングウィンズ
うん。わたしはペンギンがすき。

Yes, tweet, tweet.
イエス トゥウィート トゥウィート
うん、チッチッと聞こえるよ。

See you soon!
スィー ユー スーン
また会いましょう!

forty-three 43

「話せる！遊べる！英語」シリーズ 総さくいん

- 日本語の意味であいうえお順にならんでいます。
- ❶は第1巻、❷は第2巻、それに続く数字はページ数をしめしています。
- 本文中に複数形で出てくる単語も、きほん的には単数形で表しました。

あ

アイスクリーム	ice cream(cone)	❷10, 23
青、青色の	blue	❶11, ❷13
赤、赤色の	red	❶11, ❷12
赤ずきん	Little Red Riding Hood	❶30
秋	fall	❶41
足	leg	❷26
アジア	Asia	❷33, 34, 35
味わう	taste	❶18, 19
頭	head	❷26
アフリカ	Africa	❷32, 34, 35
アメリカ合衆国	United States of America	❷15, 35
アリ	ant	❶17, 18, 19, 30, ❷25, 27
アルゼンチン	Argentina	❷15
イギリス	United Kingdom	❷15, 35
医師	doctor	❶34, 35
いす	chair	❶12
いちご	strawberry	❷29
イヌ	dog	❶30
イラク	Iraq	❷14
上に	on	❶28, 30
ウガンダ	Uganda	❷15
後ろに	behind	❶29, 30
歌を歌うこと	singing songs	❶38
うつ	hit	❷19
うで時計	watch	❷11
うれしい	happy	❶6
絵	painting	❶36
英語	English	❷6
駅	station	❶34
駅長	stationmaster	❶34, 35
エジプト	Egypt	❷35
絵をかくこと	painting	❶38
円	circle	❷15
えんぴつ	pencil	❶14, ❷10
おうえんする	cheer	❷25
王子	prince	❶30
オオカミ	wolf	❶30
オーストラリア	Australia	❷33, 34, 35
オートバイ	motorbike	❷34
おか	hill	❶31
おこった	angry	❶6
お茶	tea	❷23
おどること	dancing	❶38
おなかがすいた	hungry	❶6
オフィスビル	office building	❶34
おもちゃ屋	toy store	❷11
泳ぐ	swim	❷17
オレンジ	orange	❷28
音楽	music	❷6
音楽を聞くこと	listening to music	❶38

か

カードを集めること	collecting cards	❶38
ガーナ	Ghana	❷14
会社員	office worker	❶34, 35
階だん	stairs	❶31
買い物に行く	go shopping	❶22
買い物をすること	shopping	❶38
鏡	mirror	❶31
カタツムリ	snail	❷25
学級活動	homeroom	❷6
学校	school	❶4, 34
カップ	cup	❷10
家庭科	home economics	❷6, 28
悲しい	sad	❶6
カナダ	Canada	❷15, 35
カバ	hippo	❶9, 11
かばん	bag	❶14, ❷11
花びん	vase	❶20
カブトムシ	beetle	❷24
かべ	wall	❶12
かぼちゃ	pumpkin	❷31
カマキリ	mantis	❷25, 27
科目	subject	❷6
火曜日	Tuesday	❷6
カレーライス	curry and rice	❷21, 23
川	river	❶17, 19
韓国	South Korea	❷35
看護師	nurse	❶34, 35
木	tree	❶16, 19, 31
黄色、黄色の	yellow	❶10, ❷13
聞く	hear	❶18, 19
北アメリカ	North America	❷33, 34, 35
きのこ	mushroom	❷31
黄緑、黄緑色の	yellow green	❷13
客室乗務員	flight attendant	❶34, 35
給食	lunchtime	❷6, 20
牛乳	milk	❷20, 23
キューバ	Cuba	❷15
きゅうり	cucumber	❷30
教科書	textbook	❶14
競技場	stadium	❶34
教室	classroom	❷5
きょう走	race	❶25
キリギリス	grasshopper	❶30
キリン	giraffe	❶9, 11
金色、金色の	gold	❷13
銀色、銀色の	silver	❷13
金曜日	Friday	❷6
空港	airport	❶34
口	mouth	❷26
クマ	bear	❶11
クモ	spider	❷25
クラスメート	classmate	❷4
車いす	wheelchair	❶20
クレヨン	crayon	❶14
黒、黒色の	black	❶10, ❷12
警察官	police officer	❶32, 34, 35
警察署	police station	❶34
ケーキ	cake	❷23
ゲームをすること	playing games	❶38
劇場	theater	❶34
消しゴム	eraser	❶14
月曜日	Monday	❷6

ケニア	Kenya	❷15, 35
ける	kick	❶25, 27, ❷16, 19
コアラ	koala	❶11
公園	park	❶32
工作	handicraft	❶37
校庭	playground	❶5
ゴール	goal	❶23
国語	Japanese	❷6, 36
黒板	blackboard	❶13
黒板消し	eraser	❶12
コック	cook	❶34, 35
子どもたち	children	❶5
子どもの日	Children's Day	❷38
ごはん	rice	❷23
こま	top	❷37
ゴミをすてる	take out the garbage	❶22
ゴリラ	gorilla	❶11
コンピューター	computer	❷6
コンピューターゲーム	computer game	❷11

さ

魚	fish	❶17, 19, ❷23
さくらんぼ	cherries	❷29
サッカー	soccer	❶26, ❷16, 19
ざっし	magazine	❷11
サラダ	salad	❷20, 23
皿をあらう	wash the dishes	❶22
サル	monkey	❶9, 11, 30
さわる	touch	❶18, 19
三角形	triangle	❷15
算数	math	❷6, 8
サンドイッチ	sandwich	❷11
時間割	timetable	❷5
下に	under	❶28, 30
自転車	bicycle	❷34
島	island	❶31
シマウマ	zebra	❶8, 11
社会	social studies	❷6, 32
じゃがいも	potato	❷10, 31
シャンプー	shampoo	❷10
習字	calligraphy	❶37
ジュース	juice	❷23
じゅうたん	rug	❶21
しゅみ	hobby	❶38
しょうがい物きょう走	hurdle race	❶25
正月(元旦)	New Year's Day	❷38
じょうぎ	ruler	❶14, ❷10
消防士	fire fighter	❶34, 35
消防署	fire station	❶34
女王	queen	❶30
食たくのじゅんびをする	set the table	❶22
植物	plant	❷11
白雪ひめ	Snow White	❶30
白、白色の	white	❶11, ❷13
しろ	castle	❶31
シンデレラ	Cinderella	❶28, 30
新聞を持ってくる	bring the paper	❶22
水泳	swimming	❷17
すいか	watermelon	❷28
水曜日	Wednesday	❷6
スウェーデン	Sweden	❷15
スーパーマーケット	supermarket	❷10
スープ	soup	❷23
図画工作	arts and crafts	❷6, 12
すき	like	❶9, 10, 38, 39
スキップする	skip	❶24
スタート	start	❷23
スパゲッティ	spaghetti	❷23
スポーツをすること	playing sports	❶38
スプーン	spoon	❷23
正方形	square	❷15
セミ	cicada	❷24
ゼリー	jelly	❷20, 23
選手	player	❶34, 35
先生、教師	teacher	❶5, 34, 35
ゾウ	elephant	❶8, 11
そうじき	cleaner	❶20
ソファー	sofa	❶21

た

タイ	Thailand	❷35
体育	PE	❷6, 16
体育館	gym	❶5
だいだい色、だいだい色の	orange	❶11, ❷13
たこ	kite	❷36
七夕祭り	Star Festival	❷38
玉入れ	basket	❶25
たまご	egg	❶4, ❷10
玉ねぎ	onion	❷10, 31
ダンス	dancing	❶24
地球ぎ	globe	❶13
地図	map	❶13
茶色、茶色の	brown	❶10, ❷12
中国	China	❷14, 35
チョウ	butterfly	❶17, 19, ❷24, 27
長方形	rectangle	❷15
チリ	Chile	❷35
つかれた	tired	❶6
つかむ	catch	❷16, 19
つくえ	desk	❶12
つけもの	pickled vegetables	❷23
つな引き	tug of war	❶25
ティーシャツ	T-shirt	❷11
ティッシュペーパー	tissue box	❷10
テーブル	table	❶21
できる	can	❶18, 19, 39, ❷17
鉄ぼう	horizontal bar	❷17
テニス	tennis	❷19
デパート	department store	❷11
テレビ	television	❶21
電車	train	❷34
テントウムシ	ladybug	❷24, 27
電話	telephone	❶20
ドア	door	❶13
ドイツ	Germany	❷35
とうもろこし	corn	❷30
通り	street	❶33
読書をすること	reading	❶38
時計	clock	❶31
ドッジボール	dodge ball	❷16
とびはねる	hop	❶24, 27
とぶ	jump	❶25, 26, ❷17
トマト	tomato	❷31
土曜日	Saturday	❷6
トラ	tiger	❶10
トリ	bird	❶9, 11, 16, 19, 30
ドリブルする	dribble	❷17, 19
トリマー	trimmer	❶34, 35
トルコ	Turkey	❷15
トンボ	dragonfly	❷25, 27

な

中に	in	❶28, 30
投げる	throw	❶25, 27, ❷16, 19
なし	nothing	❷23
なす	eggplant	❷30
夏	summer	❶41
なわとび	jump rope	❷17
なわを回す	turn the rope	❷17

南極 なんきょく	Antarctica	②32, 34, 35
においをかぐ	smell	①18, 19
肉	meat	②10
日曜日	Sunday	②6
日本	Japan	②15, 35
ニュージーランド	New Zealand	②14, 35
人形 にんぎょう	doll	②11
にんじん	carrot	②30
ネパール	Nepal	②15
年賀状 ねんがじょう	New Year's card	②37
農家 のうか	farmer	①34, 35
農場 のうじょう	farm	①34
ノート	notebook	①14, ②10
のり	glue	①14

は

葉 は	leaf	①16, 19
はい色、はい色の	gray	①10, ②12
パイナップル	pineapple	②28
俳優 はいゆう	actor	①34, 35
パイロット	pilot	①34, 35
はし	chopsticks	②23
走る	run	①25, 27
バス	bus	②34
バスケットボール	basketball	②19
バチカン市国	Vatican City	②15
バッタ	grasshopper	①16, 19, ②25
花	flower	①17, 18, 19, ②11
バナナ	banana	②10, 28
パナマ	Panama	②14
花屋（職業） はなや	florist	①34, 35
花屋（店） はなや	flower shop	①34, ②11
はね	wing	②26
パプアニューギニア	Papua New Guinea	②15
春 はる	spring	①40
バレーボール	volleyball	①27, ②19
パンダ	panda	①8, 11
ハンバーグ	hamburger steak	②23
パン屋（職業） やしょくぎょう	baker	①33, 34, 35
パン屋（店） や	bakery	①34, ②11
ピアノをひくこと	playing the piano	①38
ピーマン	green pepper	②30
ひこうき	plane	②34
引く	pull	①25
ピザ	pizza	②23
ひし形	diamond	②15
等しい ひとしい	equal	②8, 9
ひな祭り	Doll Festival	②38
病院 びょういん	hospital	①34
美容院 びよういん	beauty salon	①34
美容師 びようし	hairdresser	①34, 35
フィリピン	Philippines	②15
プール	swimming pool	①4
フォーク	fork	②23
ぶどう	grapes	②29
船 ふね	ship	②34
冬 ふゆ	winter	①41
フライドポテト	French fries	②23
ぶら下がる	hang	②17
ブラジル	Brazil	②15, 35
フランス	France	②35
文ぼう具店 ぶんぐてん	stationery store	②10
ベッド	bed	①30
ペットショップ	pet shop	①34
ペットにエサをやる	feed the pet	①22
ベッドをととのえる	make bed	①22
ベトナム	Viet Nam	②14
ヘビ	snake	①8, 10, 22, 23
部屋をそうじする へや	clean the room	①22
ヘリコプター	helicopter	②34
ペルー	Peru	②35
ペン	pen	①14
ペンギン	penguin	①9, 11
ぼうし	hat	②11
星形 ほしがた	star	②12
歩道 ほどう	sidewalk	①33
ポルトガル	Portugal	②15
ほらあな	cave	①30
本 ほん	book	①14, ②11
本屋 ほんや	book store	②11

ま

前に	in front of	①29, 30
マダガスカル	Madagascar	②15
まど	window	①12, 21
まめ	peas	②31
マラソン	marathon	①26
まるパン	bun	②11
回る まわる	turn	②17
実 み	berry	①17, 18, 19
三日月形 みかづきがた	crescent	②15
水色、水色の	light blue	②13
みそしる	miso soup	②23
ミツバチ	bee	①17, 19, ②24
緑、緑色の	green	①11, ②13
南アフリカ	South Africa	②35
南アメリカ	South America	②33, 34, 35
ミミズ	worm	①17, 18, 19
見る	see	①17, 18, 19, 41
むらさき、むらさき色の	purple	②13
目	eye	②26
メキシコ	Mexico	②15, 35
メロン	melon	②28
めん	noodle	②23
木曜日	Thursday	②6
もち	rice cake	②37
持つ、ある	have	①37, 39, ②4
もも	peach	②28
もも色、もも色の	pink	①11, ②12
もも太郎 ろう	Peach Boy	①29, 30
門	gate	①31

や

八百屋 やおや	vegetable shop	②10
野球 やきゅう	baseball	①27, ②19
休み時間	recess	②6
屋根 やね	roof	①30
ゆか	floor	①12
ヨーロッパ	Europe	②32, 34, 35
横に よこ	next to	①29, 30
よじ登る のぼ	climb	①24, 26

ら

ライオン	lion	①8, 11
ラグビー	rugby	①26, ②19
ランプ	lamp	①30
理科	science	②6, 24
陸上競技 りくじょうきょうぎ	track and field	①27
リス	squirrel	①16, 19
料理をすること りょうり	cooking	①38
りんご	apple	②10, 29
レストラン	restaurant	①34
ロッククライミング	rock climbing	①27

わ

わたす	pass	①27, ②16, 19
ワニ	alligator	①10

解答と学習の手引き

先生・おうちの方へ

このページは、先生やおうちの方が読み、子どもたちの学習を広げるために役立ててください。

新学期 Back to School
〈表現〉あいさつをする
〈単語〉学校・人

〈4～5ページ〉
会話中のHello, Hi,のあとに続く名前の部分を、身近にいる先生や友だちの名前におきかえ、あいさつの練習をします。
"How are you?"の返事には、"I'm fine, thank you."のほかに、"Good.And you?（いいよ。きみは？）""Not, so bad.（悪くないよ。）"などの表現もあります。
〈6～7ページ〉
解答）
1. **sad** 2. **happy** 3. **tired** 4. **hungry**
5. **angry**
正しく答えられたら、理由とあわせて英語で言ってみましょう。
1. I'm sad because I lost my hat.
2. I'm happy because I got full marks.
3. I'm tired because I ran.
4. I'm hungry because I had no lunch.
5. I'm angry because a dog broke my toy.

遠足 School Field Trip
〈表現〉好みをたずねる
〈単語〉動物の名前、色

〈8～9ページ〉
会話中の動物名を入れかえて、好きな動物をたずねたり、答えたりします。ここでは、不特定の動物を指して好きかどうかを言うので、動物名を複数形にします。
〈10～11ページ〉
解答例）
A：Which do you like better, the red bear or the brown bear?（赤いクマと茶色いクマ、どっちが好き？）
B：I like the red bear.（赤いクマ。）
ここでは、「赤いクマ」というように特定の動物を指すので、動物名は単数形に定冠詞のtheをつけて使います。

参観日 Invite Parents to School
〈表現〉物の名前・数をたずねる
〈単語〉教室の備品・文房具

〈12～13ページ〉
12、13、14ページに出てくる単語をもとに、実際の教室で、"What's this?""It's a(an)～."の練習をします。
〈14～15ページ〉
解答例）
A：How many pens are there?（ペンは何本ある？）
B：**Eight**.（8本。）
"How many"のあとにくる単語は**s**をつけて複数形にしますが、発音が「ス」となるものと「ズ」と濁るものがある点に注意します（ここでは、**notebooks, books, textbooks**が「ス」、それ以外は「ズ」）。
＊その他絵の中にある物
えんぴつ 9本／消しゴム 7つ／じょうぎ 6本／のり 5つ／クレヨン 10本／ノート 4冊／本 4冊／バッグ 2つ／教科書 1冊

林間学校 Summer Camp
〈表現〉できることをたずねる
　　　五感を表す動詞
〈単語〉小動物、昆虫、植物の名前

〈16～19ページ〉
canとあわせてsee, hearなど五感を表すことばを覚えます。実際に自然の中でビンゴゲームをしてみるのもよいでしょう。
ビンゴの質問例）
Can you see a squirrel?（リスは見える？）
Can you hear the sound of a river?（川の流れの音は聞こえる？）
Can you smell a berry?（木の実のにおいはする？）
Can you taste the water?（水の味はする？）
Can you touch a grasshopper?（バッタにさわれる？）

交流活動 Volunteering
〈表現〉お願いする、お礼を言う
　　　いろいろなお手伝い
〈単語〉部屋にある家具など

〈20～23ページ〉
お手伝いをお願いをし、それに答える表現を練習します。
23ページのすごろく盤をコピーするときは、141％拡大するとA3サイズになります。

運動会 Sports Day
〈表現〉行っている動作を言う
〈単語〉運動会の種目名、動作
　　　応援の言葉

〈24～25ページ〉
ingを使った表現と、動作を表す単語を練習します。
〈26～27ページ〉
解答）※動作、スポーツ名の順に。
I'm climbing. ／rock climbing
I'm jumping. ／volleyball
I'm hopping. ／track and field
I'm passing. ／rugby
I'm running. ／marathon
I'm throwing. ／baseball
I'm kicking. ／soccer
動作を表す動詞にingをつけるときに、最後の子音を重ねる単語に注意します（ここではhopping, running）。climbingのbは発音しません。

学芸会 Talent Show
〈表現〉場所をたずねる
〈単語〉物語の登場人物、背景など

〈28～29ページ〉
靴が箱の「上」「下」「後ろ」「横」「前」にある場合も、英語で言ってみましょう。
〈30～31ページ〉
解答例）
Where's Prince?（王子はどこ？）
In the cave.（ほら穴の中。）

＊その他の登場人物の場所
赤ずきん　Next to the clock.（時計の横。）
オオカミ　Behind the gate.（門の後ろ。）
白雪姫　On the hill.（丘の上。）
女王　In the tree.（木の中。）
アリ　On the stairs.（階段の上。）
キリギリス　In the mirror.（鏡の中。）
桃太郎　Under the bed.（ベッドの下。）
犬　Behind the lamp.（ランプの後ろ。）
鳥　Next to Queen.（女王の隣。）
サル　On the roof.（屋根の上。）

社会科見学 Interviewing in Town
〈表現〉職業をたずねる
　　　将来なりたいものを言う
〈単語〉はたらく場所、職業

〈32～35ページ〉
カードゲームの神経衰弱をしながら、"What's your job?"を繰り返し言ってみます。なれたら、会話文を"What do you want to be?"に変えてみましょう。

＊その他の「はたらく場所」と「職業」
post office（郵便局）、**mail carrier**（郵便配達人）／**court**（裁判所）、**lawyer**（弁護士）／**cafe**（喫茶店）、**waiter**（ウェイター）、**waitress**（ウェイトレス）

作品展 Art Festival
〈表現〉紹介する、持ち物をたずねる
　　　趣味
〈単語〉作品の種類

〈36～39ページ〉
これまでに出てきた、like, want, canと、ここで出てくるhave、および"Who's this?""This is～."の表現を使って、自分について紹介する本を作ります。前のページを書き写したり、カードを貼ったりして、楽しみながら英語になれるようにします。

お別れ会 Farewell Party
〈表現〉お礼を言う
　　　別れのあいさつをする
〈単語〉四季

〈40～43ページ〉
1年間の行事を振り返りながら、これまでに出てきた表現を復習します。写真パズルは、英文をしっかり理解して組み合わせるのは難しいので、形や絵柄のつながりをヒントに組み合わせるとよいでしょう。

監修　下　薫（しも かおる）
Julie Kaoru Shimo

アメリカ・ロサンゼルス生まれ。上智大学外国語学部卒業後、コロンビア大学大学院にて英語教授法、英語学を学ぶ。児童英語教育を言語習得理論、国際理解教育などの観点から研究。小学校向け英語教育のカリキュラム開発、教材作成、教師研修などを行う。マジカルキッズ英語研究所代表、茨城大学講師。著書に『子どもを英語の達人に！』（徳間文庫）、『はじめておぼえるえいごのたんご』（ジャパンタイムズ）、『キッズクラウン英和・和英辞典』（三省堂）がある。

イラスト　タカタカヲリ
デザイン　大谷孝久（cavach）
取材協力　永井淳子（東横学園小学校）
編　集　株式会社 童夢

話せる！遊べる！英語 ①
Let's try! 学校の行事

発　行　2007年4月　初版
　　　　2018年11月　第5刷
監　修　下 薫
発行者　岡本光晴
発行所　株式会社あかね書房
　　　　〒101-0065　東京都千代田区西神田3-2-1
　　　　電話　03-3263-0641（代）
　　　　http://www.akaneshobo.co.jp
印刷所　株式会社精興社
製本所　株式会社難波製本

©Domu 2007 Printed in Japan
ISBN 978-4-251-09401-8　C8382

落丁本・乱丁本はおとりかえいたします。
定価は裏表紙に表示してあります。

NDC830
監修　下 薫（しも かおる）
話せる！遊べる！英語
①Let's try!　学校の行事
あかね書房　2018　48P　30×21cm

話せる！遊べる！英語　全2巻

話せる！遊べる！英語 ❶
Let's try! 学校の行事

遠足、運動会、学芸会など、学校行事の一場面を通して、
日常よく使われる基本的な会話や単語に慣れることができます。

新学期	**あいさつをする** Hello.（こんにちは。） Hi. How are you?（こんにちは。元気ですか？） I'm fine, thank you.（はい、元気です。）	運動会	**おこなっている動作を言う** What are you doing?（何をしているのですか？） I'm ～ing.（～しています。）
遠足	**好みをたずねる** Do you like ～?（～が好きですか？） Which do you like better, □ or △? （□と△とどっちが好きですか？）	学芸会	**どこにあるかたずねる** Where's ～?（～はどこにありますか？）
参観日	**物の名前をたずねる** What's this?（これは何ですか？） It's ～.（～です。） **数をたずねる** How many ～?（～はいくつありますか？）	社会科見学	**職業をたずねる** What's your job?（職業は何ですか？） I'm a ～.（～です。） **将来の夢をたずねる** What do you want to be? （何になりたいのですか？）
林間学校	**できることをたずねる**（五感を使って） Can you ～?（～はできますか？）	作品展	**紹介する** Who's this?（こちらはだれですか？） This is ～.（～です。） **持っているかどうかたずねる** Do you have ～?（～を持っていますか？）
交流活動	**お礼を言う** Thank you.（ありがとう。） You're welcome.（どういたしまして。） **お願いをする** Would you ～?（～をしてもらえますか？）	お別れ会	**お別れのことばやお礼を言う** Thank you very much. （どうもありがとうございました。） See you soon!（また会いましょう。）